LUCHA LEGENDS SERIES BOOK 2

Hope Rises

Paul Barile

Spanish text Raúl Ariza Barile

illustrations by César Ayala

ISBN: 978-1-958156-00-1 (print english/spanish)

Any references to historical events, real people, or real places are used fictitiously. Names, characters, and places are products of the author's imagination except in certain cases where express permission has been granted.

Find out more about the Lucha Legends series at lucha-legends.com

Front cover image and text illustrations by César Ayala.
Book design by Lexographic.
Body text typeset in Expo Serif Pro designed by Mark Jamra.

lexographic press
in your hand, on your screen, in your ears

published by Lexographic Press
5000 S Cornell Ave, Unit 6A, Chicago IL 606015
read@lexographicpress.com
lexographicpress.com
°lexographic press is a registered trademark in the US no. 6560471.

Distributed by Pathway Book Service
34 Production Ave, Keene, NH 03431, 1-800-345-6665

*To Jill, my better angel
and my greatest hope.*

One

When Esperanza Guzman was very young her father and her tío took her to see the most spectacular event she could ever have imagined. She sat on a red metal folding chair between her father and his brother and stared up at the big ring just a few feet away.

Oscar Guzman, her father, bought her some popcorn. She barely touched it. She was so excited to see all the people and the bright lights and to hear the Mexican music.

Without warning a man in a shiny black suit stepped into the

Uno

Cuando Esperanza Guzmán era muy chica, su padre y su tío la llevaron a presenciar el espectáculo más asombroso que hubiera imaginado. Se sentó en una silla plegable color rojo en medio de su padre mientras observaba el gran ring que estaba en frente. Óscar Guzmán, su padre, le compró palomitas de maíz pero apenas las probó; estaba emocionadísima después de ver las brillantes luces y escuchar la música mexicana de aquel lugar. De repente, un hombre vestido de traje negro se lanzó hacia el cuadrilátero y la gente guardó silencio absoluto.

Después, empezó su discurso: «el primer encuentro será a una caída con un límite de quince minutos», dijo en voz alta aunque traía un micrófono. «De Chicago, Illinois, con un peso de 90kg, aquí está el héroe de la casa, ¡Estrella de Rojo!».

Todo el mundo aplaudió y silbó ruidosamente mientras aquel hombrón de licras rojiblancas y ajustadas atravesó la cortina para dirigirse al ring. Caminaba con gran seguridad y portaba una máscara de un rojo profundo que cubría su nariz y ojos. El antifaz tenía estrellas en ambos lados de la cabeza. Pasó en frente de los aficionados, a quienes saludó golpeando sus enormes palmas. Por momentos se detenía para prestarles atención a los niños. A Esperanza le daba buena espina; seguramente era de los que su tío llamaba «técnicos», y, aunque parecía estar lleno de orgullo, se comportaba como todo un caballero.

Saltó al ring con gran agilidad, aterrizando en la tarima por encima de las cuerdas. Esperanza suspiró mientras su padre aplaudía. El hombre se posó en medio del cuadrilátero y saludó a quienes gritaban su nombre. Pese a su garbo, le caía bien a toda la gente. El señor del micrófono volvió a hablar: «Y desde Nueva York, con un peso de 90 kg, eeeeeel Gato Negrooooo!»

Esta vez, sin embargo, de las cortinas salió un hombre muy distinto. Su máscara era negra y su antifaz dorado; sus licras, estampadas. La gente abucheó con enjundia para hacer notar que no les agradaba nada este hombre que se movía por el ring cual pantera hambrienta.

El luchador no saludó a nadie; ni siquiera a los niños. Únicamente se movía lentamente hacia el ring sin quitar la vista de Estrella de Rojo. Cuando se arrojó al centro, lo hizo en un abrir y cerrar de ojos y asombró a todo el mundo con su presencia. Esperanza se escondió atrás de su padre y se asomaba solo cuando el hombre de la máscara rojo demostraba que no le temía al de la máscara de negro. Esta seguridad le hacía sentir a Esperanza que ella misma estaba a salvo. Sin duda, Estrella de Rojo no iba a permitir que le sucediera

big, square ring. The crowd got very quiet. The man waited until everyone in the room was absolutely silent. Only then did he begin began his pitch.

"The first match is a one fall contest with a fifteen-minute time limit," he said loudly even though he had a microphone. "First from Chicago, Illinois—weighing in at 201 pounds—your hometown hero Estrella de Rojo! ESTRELLA DE ROJO!"

Everybody cheered and whistled as a big man in shiny, white tights with deep red trim came out from behind the sparkling curtain. He walked with great purpose. He wore a deep red mask that covered his eyes and nose. The antifaz had stars on each side of his head.

He walked past the fans reaching out and slapping their hands with his large hands. He stopped occasionally to give special attention to the children.

Esperanza sensed something special about him as she watched how people responded to him. He was surely what her tio called a técnico. He was a proud man, but still, a gentleman.

When he got to the ring, he leapt with great agility landing on the apron before bouncing over the top rope. Esperanza gasped. Her father clapped and cheered.

The big man stood in the center of the ring and waved to all the people who were chanting his name. He was regal, but he was surely a man of the people.

The man in the ring raised the microphone again.

"And from New York City, New York—weighing in at 200 pound—El Gato Negro! EL GATO NEGRO!"

When the sparkling curtains opened this time a very different man came out. His mask was black with silver antifaz. His tights were black and shiny with fighting symbols sewn into them. The crowd booed loudly showing their disapproval of the man who stalked the ring like a hungry panther.

The man did not wave at anyone. He didn't high-five the kids.

nada malo a ella. Su padre y su tío rieron porque nunca antes habían visto a Esperanza con miedo.

«¿Quieres un churro?» preguntó su padre. Esperanza no pudo sino sonreír mientras asentía.

Su padre le llamó a un hombrecillo con delantal rojo con un chiflido y compró churros de fresa para todos.

El silbato anunció el inicio del encuentro y Esperanza estaba tan concentrada en lo que pudiera suceder que hasta olvidó comerse su churro.

El Gato Negro simply moved slowly towards the ring, never taking his eyes off Estrella de Rojo. He jumped up and onto the ring apron aggressively. Like the flick of a switch—he flipped over the top rope and landed in the ring. He shook the room with his presence. Esperanza hid behind her father and only peeked out when the man in the deep red mask showed he wasn't afraid of the man in the black mask. His confidence made Esperanza believe she was safe. Estrella de Rojo was not going to let anything happen to her, surely. Her father and her tio laughed because they had never seen Esperanza so afraid of anything before.

"Do you want a churro?" her father asked. All she could do was smile and nod.

Her father whistled and a little man in a red apron brought strawberry churros for Esperanza and her tio and a plain one for himself.

The sound of the bell signaled the beginning of the match. Esperanza was so focused on what was going on the ring she forgot to eat her churro.

Two

E speranza was a good student. She would've been considered an excellent student except that she struggled with math—particularly algebra. She tried hard to be a good at it, but it just didn't come quite as naturally to her as her other classes. However, she absolutely excelled in gym class. Mr. Guevara—the P.E. teacher—hoped she'd tryout for the soccer team. Miss Octavia—who coached the girls' softball team hoped Esperanza would join her softball team. Miss Jackson coached the cross-country team and had the same hopes. But no one had any idea what was really

◇◇◇

Dos

E speranza era una buena estudiante. De hecho, sería excelente de no ser porque le costaban mucho trabajo las matemáticas, en especial el álgebra. Se empeñaba mucho en entenderla, pero no se le facilitaba como otras materias. Sin embargo, en la clase de educación física sí que era la mejor. El Sr. Guevara, el maestro, quería sugerirle entrenar para el equipo de futbol. La Srita. Octavia, entrenadora del equipo de softbol femenil, quería que Esperanza le diera una oportunidad a ese deporte. La Srita. Jackson entrenaba a los de campo traviesa y quería lo mismo. Sin embargo, nadie imagi-

naba lo que pasaba por la mente de Esperanza: desde temprana edad, había decidido convertirse en luchadora.

Esperanza volaría por arriba del ring tal como Estrella de Rojo y como los luchadores que solía mirar en los videos de YouTube. Iba a inmovilizar a sus adversarios en el centro del cuadrilátero; iba a portar cinturones anchísimos, tan anchos que apenas le cabrían. Pero antes necesitaba ponerse en forma.

Todos los días, Esperanza corría alrededor del gimnasio mientras los demás chicos practicaban bádminton o voleibol. Se ejercitaba de manera tradicional, haciendo abdominales o saltos de tijera. Sabía que necesitaba estar en forma cuando llegara el día en que al fin saltara al ring. Con frecuencia pensaba en el día en que pudiera usar su propia máscara blanca de piel y licras para acercarse al cuadrilátero.

Mientras tanto intentaba mantenerse en forma al comer tacos de bistec con cebolla y cilantro y beber Jarritos de piña. Antes de ir a la escuela, Esperanza corría una milla en su vecindario. Después de clases, miraba videos de luchas con su madre hasta que su padre llegaba del trabajo.

Una noche, durante la cena, decidió hacerle a su padre la pregunta que había tenido en mente durante varios meses.

«Papá, ¿por qué ya no me llevas a las luchas?». Su padre colocó el tenedor sobre el plato y le sonrió. No habló de inmediato. «Solíamos ir cuando estabas chica», repuso.

«Me sorprende que todavía te acuerdes».

«Por supuesto que me acuerdo», respondió.

«Ya eres toda una señorita...» respondió como si no fuera obvio.

«Las luchas son para los hombres».

«¿Para los hombres?», preguntó Esperanza. Su madre volteó a ver rápidamente a su padre. Sus oídos tampoco podían creer lo que estaba escuchando.

«Antes solías decirme que las niñas podían hacer todo lo que los niños hacían», continuó Esperanza.

brewing in the back of Esperanza's mind—she had decided at a very young age she was going to be a luchadora.

Esperanza was going to soar off the ring ropes like Estrella de Rojo and the countless videos she'd seen on YouTube. She was going to pin her opponents to the mat and wear impossibly huge belts—belts so big she could hardly hold them up herself. First, though, she needed to condition herself.

Every day Esperanza ran laps around the gym while the other kids played badminton or volleyball. She did regular, old-fashioned exercises such as push-ups and jumping jacks. She knew that she would need to be in top condition when she finally did step into the ring.

There was one solitary thought that ran through her head as she worked with dedication and passion; she was counting the days when she could slip on her own white leather mask and white tights and jump into the wrestling ring.

In the meantime she kept herself in shape by eating steak tacos with onions and cilantro and drinking piña Jarritos. Esperanza ran a mile in her neighborhood every morning before school. She watched Lucha Libre videos with her mother after school until her father came home from work.

One evening over dinner, she decided to ask her father the question that had been on her mind for months.

"Papa, why don't you to take me to the lucha matches anymore?"

Her father set down his fork and smiled at her. He didn't speak for a moment.

"We went when you were a child," he said, "I am surprised you even remember that."

"You have no idea," she said.

"Now you are a young lady..." he trailed off, as if it were obvious. "The lucha is for men."

"Men?" Esperanza asked. Her mother looked up quickly at her

«Sí, pero pronto serás toda una señorita», repuso, con la esperanza de cerrar ahí el asunto. Tomó el tenedor y volvió a su cena. «¿Y qué no puedo ser 'señorita' y luchadora?», añadió después. «No digas locuras», dijo su padre mientras reía. «Es como si tu madre y yo cocináramos los dos la cena todas las noches».

A Esperanza nunca le cupo en la cabeza esta manera de pensar. Había leído tanto sobre mujeres destacadas; doctoras, astronautas, políticas. A veces miraba las noticias con su madre después de mirar videos de luchas. Le encantaba que hubiera mujeres en trabajos tradicionalmente considerados para hombres. Veía a jóvenes latinas construir grandes carreras e intuía que se debía a que sus padres las alentaban en sus sueños y lo decían de verdad.

father then looked at her daughter. She couldn't believe what she was hearing either.

"You told me when I was young that girls can do the same things boys do," Esperanza went on.

"Yes, but you're going to be a young lady soon," he responded hoping to close the matter, picked up his fork and continued eating his dinner.

"Why can't I be a young lady *and* a luchadora?" she asked.

"That's crazy," her father laughed. "That would be like your mother getting a job and me cooking dinner every night."

Esperanza never understood this way of thinking. She read about women who accomplished so much in their lives. She read about women who were doctors and astronauts and even politicians.

Sometimes between wrestling videos, she watched the news with her mother. She knew all about so many of these great women who were doing things that used to be considered work for men.

She saw young Latina women stepping out of the shadows and having great careers. She assumed it was because their fathers said they could be whatever they wanted to be and they really meant it when they said it.

Three

The bell sounded for the change of class; Mr. Mendoza spoke without looking up from his work.

"Esperanza Guzman, please wait a moment. I need to speak to you," he said.

Esperanza stayed in her seat as each of the children filed past her and headed out the door.

"Dummy," Marisol Santos said she walked past Esperanza. She let the corner of her math book brush up against Esperanza's shoulder.

✧✧

Tres

El timbre sonó para anunciar el cambio de clase en la escuela y el Sr. Mendoza habló sin mirar al frente.

«Esperanza Guzmán, necesito hablar contigo; espera un momento», dijo.

Esperanza se quedó en su asiento mientras veía desfilar a todos los chicos hacia la puerta.

«Qué tonta», susurró Marisol Santos al pasar por el asiento de Esperanza. Acomodó una de las orillas de su cuaderno de matemáticas hacia el hombro de Esperanza. Cuando ya no había nadie en

el salón, el Sr. Mendoza llegó al lugar de Esperanza y se sentó en el escritorio frente a ella.

«¿Pasa algo en casa, Esperanza?», preguntó en voz baja.

«No, señor», repuso Esperanza rápidamente.

«Antes obtenías muy buenas calificaciones en mi clase», añadió. «Pero me parece que ya no estás tan concentrada».

«Lo siento, Sr. Mendoza», respondió. «Pondré más atención».

«Les sugeriré a tus padres que te inscriban en el programa de tutorías», dijo después el maestro.

Esperanza se encorvó en su silla. Las tutorías iban a quitarle tiempo de entrenamiento. ¿Podría haber algo peor?

«La buena noticia es que Marisol Santos solicitó ser tutora», dijo el Sr. Mendoza. «Yo creo que ambas se llevarán muy bien». Al escuchar esto, Esperanza se encorvó aún más. ¡Esto sí que era lo peor!

«Se encontrarán aquí a diario durante 45 minutos hasta que vea mejoría en tus calificaciones». Entonces Esperanza confirmó sus sospechas: definitivamente era lo peor.

Esperanza no podía ni imaginarse lo que sería tener que pasar todos los días con Marisol Santos después de terminar la escuela. Marisol era la chica más malvada de todas y las matemáticas era una materia muy difícil. Quedarse en la escuela después de clase también involucraría decirle a su padre que sus calificaciones habían empeorado.

El tiempo después de clase se aprovechaba mejor haciendo ejercicio; necesitaba mucho tiempo para practicar las jugadas que algún día iban a convertirla en una gran luchadora –la mejor de Chicago– y por qué no, quizá del mundo.

Al día siguiente, a las 3:05 de la tarde, Esperanza se sentó en su escritorio con su libro de matemáticas abierto y un lápiz en la mano.

Once the students were gone, Mr. Mendoza crossed the room to where Esperanza was still sitting in her desk. He sat on the desk in front of her.

"Is there something going on at home, Esperanza?" he asked.

"No, Sir," she replied quickly.

"You used to get such good grades in my classes," he went on. "Now you don't seem to have that focus."

"I'm sorry, Mr. Mendoza," she said. "I'll work on it."

"I'm going to suggest to your parents that you get into the tutoring program," he said.

Esperanza slouched in her chair. Tutoring would surely cut into enter conditioning time. What could be worse than tutoring?

"The good news is Marisol Santos just applied to be a tutor." Mr. Mendoza said. "I think you two will get along really well."

Esperanza slouched even deeper into her seat. This was the worst.

"You'll meet her here every day after school for 45 minutes until I see improvement in your grades." She'd been wrong: this was the worst.

Esperanza couldn't even imagine spending every day after school doing math problems with Marisol Santos. Marisol was easily the meanest girl in the school. Math is a tough subject. Staying after school also meant having to explain to her father that her grades were slipping.

After school time was much better spent running laps and exercising. She also needed time to practice the wrestling moves that would one day make her the most popular wrestler in Chicago—maybe even the world.

The next day at 3:05 p.m. Esperanza sat at her desk with her math book open and her pencil in her hand. Marisol sat at the desk

Marisol se sentó en el escritorio de junto. También tenía su libro abierto, pero estaba asomándose al cuaderno de Esperanza. Mientras Marisol le explicaba ecuaciones, Esperanza deseaba con anhelo estar en cualquier lugar menos allí. Al darse cuenta de que no estaba prestando atención, Marisol bajó su lápiz y volvió a su silla.

«No veo por qué es tan emocionante la lucha libre», dijo Marisol.

«Bueno, tampoco veo por qué son tan emocionantes las ecuaciones», repuso Esperanza. «Al menos en las luchas la gente se emociona cuando hacemos algo especial. ¿Quién se da cuenta siquiera cuando resuelves una tonta ecuación? ¿Quién se emociona?».

«¿Qué chiste tiene ponerse unas licras y una máscara?», preguntó Marisol.

«Es mucho más que eso», dijo Esperanza mientras se acomodaba en su asiento. «Mucho, mucho más».

«A ver, dime», añadió Marisol.

«Creo que no lo entenderías», dijo Esperanza con tristeza.

«Todo el mundo sabe que las luchas son de mentira», agregó Marisol. «Las matemáticas no tienen nada de mentira».

«¡No son de mentira!», dijo Esperanza rápidamente. «La lucha libre se trata de la integridad y de la histórica batalla entre el bien y el mal. Se trata del respeto que guardas frente a tu adversario sin importar si ganas o pierdes». Marisol hizo como si le importara.

«Como quieras», dijo finalmente.

across from her. She also had he book open, but she was leaning into Esperanza's notebook.

Marisol was explaining a specific equation while Esperanza daydreamed of being anywhere else but here. When Marisol realized her student wasn't paying attention, she set down the pencil and sat back in her chair.

"I don't see the big deal about Lucha Libre," Marisol said.

"I don't see the big deal about equations," Esperanza responded. "At least in the lucha people cheer when we do something special. Who even notices when you solve some stupid equation? Who is cheering for you?"

"What is so special about putting on tights and a mask?" Marisol asked.

"It's more than that," Esperanza said sitting up in her seat. "It is so much more."

"Do tell."

"You wouldn't understand," Esperanza said sadly.

"Everyone knows it's fake," Marisol said. "There is nothing fake about mathematics."

"It's not fake," Esperanza said quickly. "Lucha Libre is all about integrity and the history and the classic battle between good and evil. Lucha Libre is about living with respect for your opponent—win or lose."

Marisol seemed to stop and think about it for minute.

"Whatever," she finally said.

Paul Barile

Four

Esperanza busied herself setting the table while her mother finished cooking dinner. The young girl was anxious because her mother would have to share Mr. Mendoza's tutoring form with her father.

Then he would know she was getting tutored after school. She didn't want him to know there were any problems at school. Getting an education was very important to her parents. She never wanted to disappoint them.

"I'm not sure which is worse," she said setting a large spoon

---

Cuatro

Esperanza se ocupó de poner la mesa mientras su madre terminaba la cena. La joven chica estaba preocupada porque su madre tendría que decirle a su esposo que Esperanza necesitaba clases especiales y no quería que él supiera que había problemas en la escuela. Para sus padres, la educación era lo más importante y Esperanza no quería defraudarlos.

«Ya no sé qué es peor...», dijo mientras colocaba una cuchara junto al plato de su padre, «si las clases especiales o el tiempo que no puedo dedicarle a las luchas».

Mientras agitaba un cucharón en la olla, su madre le preguntó: «¿y no te has puesto a pensar cómo una cosa puede ir de la mano con la otra?».

Esperanza se sumió en la silla al ver a su madre.

«Para mí y para tu padre es muy importante que te vaya bien en la escuela», continuó.

«¿Sí estarás de acuerdo, no?».

«Claro», asintió Esperanza.

«Como también es importante para ti y para mí que puedas cumplir tus sueños...»

«Eso es muy importante para mí, mamá», respondió Esperanza. «Y lo sabes».

«Entonces quizá sea hora de decirle a tu padre que ambas cosas te importan mucho».

Esperanza se sentó en silencio y pensó en lo que le dijo su madre.

«¿Crees que la lucha libre merezca que hagas otros sacrificios?», preguntó su madre.

«Haría lo que fuera por luchar, mamá», respondió Esperanza.

«Entonces que tu padre vea que estás prestando suficiente atención a tus tareas; así sabrá que la lucha va en serio...sabrá que le pones empeño a lo que tienes que hacer y a lo que quieres hacer».

Esperanza se acomodó en la silla. Sabía, como siempre, que su madre tenía razón.

«¿Así que todo lo que tengo que hacer ahora es subir mis calificaciones para que mi papá crea que merezco la oportunidad de ser luchadora?».

«Yo me pondré en tu esquina», contestó su madre a manera de broma.

Esperanza se acomodó de nuevo, con la cabeza en alto. Encontró entusiasmo para perseguir sus sueños en la lucha libre y quizá también, para las matemáticas.

«¡Eso es muy cierto!» «Al parecer las mamás siempre saben lo

next to her father's plate. "Is it the tutoring or the time away from wrestling?"

Her mother slowed her stirring in the big steel pot. "Have you thought about how one can serve the other?" her mother asked.

Esperanza fell into a chair, but she never took her eyes off her mother.

"It's important to your father and I that you do well in school," her mother continued. "Do you agree?"

"Yes," Esperanza whispered.

"And it's important to you and I that you are allowed to pursue your dreams?"

"It's very important to me, Mama," Esperanza said. "You know that."

"So maybe you should speak to your father about how much they both mean to you."

Esperanza sat quietly while she thought about what her mother was saying.

"Do you love Lucha Libre enough to make sacrifices for it?"

"I would do anything to be able to wrestle, Mama," Esperanza said.

"So maybe if your father saw you putting in extra work on your homework, he'd see that you're serious. He'd see that you are focused on doing what you have to do so that you can do what you want to do."

Esperanza sat up straight. She smiled to herself. She knew that her mother was right, as usual.

"So, all I have to do is get my grades up to show Papa I deserve a chance to be a luchadora?"

"I'd be in your corner," her mother said smiling at her little Lucha Libre joke.

Esperanza sat up, pushed her shoulders back, and held her head up. She found a new optimism for her Lucha Libre dreams and maybe even some excitement about math.

que es mejor».

«Siempre», dijo su madre. «Siempre».

"Mama," she said. "That's brilliant. I guess mother really does know best!"

"She does," her mother said. "She really does."

Paul Barile

Five

Back at her desk—with newfound enthusiasm—Esperanza was suddenly eager to figure out the theorems and equations. Marisol explained them simply and Esperanza listened and grasped them more easily. Marisol saw that Esperanza was getting excited about math—or at least she seemed to be.

"It's all about the order of operations," Marisol said.

"Like a series of moves in the ring?"

"Sure," Marisol giggled. "I guess it's like that. Just remember the order of operation—as if your opponent was an equation and not

Cinco

De vuelta en el pupitre, con nuevos bríos, de pronto Esperanza parecía lista para resolver teoremas y ecuaciones. Marisol los explicaba de manera sencilla y Esperanza los comprendía con facilidad. Marisol se dio cuenta de que, de repente, a Esperanza le gustaban las matemáticas (o al menos eso parecía).

«Todo se resume al orden de las operaciones», dijo Marisol.

«¿Como los movimientos en un ring?», repuso Esperanza.

«Sí», dijo Marisol riéndose. «Supongo que sí. Solo recuerda el orden de la operación como si tu oponente fuera otra ecuación y no una luchadora».

«¿Eso es todo?», preguntó Esperanza asombrada.

«Bueno, y te aseguras que ambos lados sean iguales».

«¡Wow!», dijo Esperanza mientras asentía.

Ambas hicieron ecuaciones para asegurarse de que las explicaciones estaban rindiendo frutos. Después de un par de semanas de trabajo intenso, las calificaciones de Esperanza mejoraron sustancialmente.

Había días en que Esperanza estaba tan distraída con lo que sucedía más allá de las ventanas que daban al patio. Marisol la hacía volver a los números y a las ecuaciones con gentileza.

«Tenemos examen en dos semanas», agregó Marisol. «Tienes que estar lista».

«Lo sé», dijo Esperanza. «De verdad me tiene que ir muy bien en este examen o puedo ir olvidándome del ring».

«No te preocupes», dijo Marisol. «Te apoyaré en todo».

Esperanza titubeó.

«¿Qué quieres decir con eso, Marisol?», preguntó después.

«Me refiero a que me quedaré aquí contigo todos los días y haré que te aprendas estos problemas hasta que puedas resolverlos dormida».

«Muchas gracias», dijo Esperanza.

Al llegar el día del examen, Marisol estaba tan nerviosa como Esperanza. Sabía que ella era una buena maestra y sabía que Esperanza era una buena estudiante; solo quería estar ahí para su nueva amiga. Esperanza salió del salón con una sonrisa dibujada en el rostro. Marisol corrió a abrazarla. Se quedaron ahí durante un momento como lo hacen las verdaderas amigas.

«El Sr. Mendoza me dijo que esperara aquí», dijo Esperanza. «Tendrá mi calificación en quince minutos».

«Esperaré contigo», respondió Marisol.

«Gracias», dijo después Esperanza.

another luchadora."

"That's it?"

"And make sure both sides are equal."

"Wow," Esperanza said shaking her head.

They did equations for each other to demonstrate that it was finally sinking in. After a few weeks of this work Esperanza's test grades improved dramatically.

There were days when Esperanza was distracted by everything that was happening just beyond the tall windows that let out onto the playground. Marisol gently brought her back to the numbers and the equations.

"We have a test in two weeks," Marisol said. "You have to be ready."

"I know," Esperanza said. "I really have to ace this test or I may never step into the ring."

"Don't worry," Marisol said. "I got your back."

Esperanza hesitated.

"What do you mean, Marisol?" she asked.

"I mean I am going to stay with you every day and run these problems over and over until you can do them in your sleep."

"Thank you," Esperanza said.

When the day of the test came, Marisol was almost as nervous as Esperanza. She knew she was a good teacher and she knew Esperanza was a good student. She just wanted to be there for her new friend.

Esperanza walked out of the testing room with a slight smile on her face. Marisol jumped up and hugged her. They held each other for a moment—the way friends do.

"Mr. Mendoza told me to wait here," Esperanza said. "He'll have my grade in fifteen minutes."

"I'll wait with you," Marisol said.

"Thanks," Esperanza replied.

They sat quietly—side by side—leaning against the locker. They

Se sentaron tranquilamente—una al lado de la otra—junto al casillero. No decían nada. Solo miraban al piso como si eso hiciera que el Sr. Mendoza terminase de calificar más rápidamente. De pronto, la puerta se abrió.

«Chicas», dijo el Sr. Mendoza. «Ambas deberían estar muy orgullosas: Esperanza obtuvo 92 en su examen. No es perfecto, pero es mucho mejor de lo que eran sus calificaciones. Esto quiere decir que las tutorías serán optativas de ahora en adelante. Les enviaré una carta a los padres de ambas. De verdad, muchas felicidades.» Con esto se despidió y se marchó.

«Quizá no seas tonta después de todo», le dijo Marisol en tono de broma.

«Voy a extrañar juntarme contigo», dijo Esperanza. «Me dijo mi papá que podría entrenar tan pronto mejoraran mis calificaciones».

«¡Qué bien!, ¿o no?», dijo Marisol.

«Pues, no se parece tanto a estar en el ring», respondió. «Peeeero, casi».

«¿Vas a necesitar a alguien con quien entrenar?», repuso Marisol.

«Sabes que sí», dijo Esperanza.

«Bueno, yo te enseñé matemáticas», respondió Marisol. «Quizá tú podrías enseñarme lucha libre».

«Me encantaría», agregó Esperanza.

«¿En serio me enseñarías a mí?», dijo Marisol.

«¿Por qué no? Las amigas pueden ayudarse con las matemáticas pero también con las luchas. Para esto están las amigas».

«Pero...yo no tengo amigas», dijo Marisol.

Con la mano en el brazo de Marisol, Esperanza añadió: «yo soy tu amiga».

«Gracias», dijo Marisol. «Vamos a entrenar para que podamos luch... practicar lucha libre».

«Y yo me pondré al corriente con las mates para que así no tengamos que estudiar a diario después de clases», dijo finalmente Esperanza.

didn't speak at all. They just watched the door as if that would make Mr. Mendoza work faster and get him out there with the results. The door eventually opened up.

"Ladies," Mr. Mendoza said. "You should be proud of yourselves. Esperanza got an 92% on this test. It isn't perfect, but it is far better than she was doing. It is also enough to make any future tutoring voluntary. I'll be sending letters to both of your parents. You should be proud of yourselves."

With that he walked away.

"Maybe you're not a dummy after all." Marisol teased Esperanza.

"I'm going to miss hanging out with you," Esperanza said. "Father said I can start training again once I get my grades are up."

"That's great," Marisol said. "Isn't it?"

"It's not quite getting into the ring, yet," she said. "But it is one step closer."

"Are you going to need a training partner?"

"You know I do," Esperanza said.

"Well, I taught you math," Marisol said. "Maybe you can teach me Lucha Libre."

"I would love that," Esperanza said.

"You would teach me Lucha Libre?"

"Why not? Friends can help friends with math and with Lucha Libre. That's what friends do."

"I don't have many friends," Marisol said.

Esperanza put her hand on Marisol's arm. "I'm your friend."

"Thank you," Marisol said. "We will train our bodies so that we can wres- uh -lucha."

"And I'll keep up with the math so we don't have to study after school every day," Esperanza said.

Six

A s their friendship developed, they split their time between the text books and training. They divided their days between the classroom and the fieldhouse.

One afternoon, while they waited in the classroom for the rain to clear up, Marisol and Esperanza created friendship bracelets for each other. The bracelets were little more than some yarn and some athletic tape, but when Marisol took the black Sharpie and wrote an equation on each one—they became very special to the girls.

$$/ + / = /$$

◇◇

Seis

A medida que avanzaba su amistad, las chicas dividían su tiempo entre el estudio y el entrenamiento; entre el salón y el gimnasio. Una tarde, mientras estaban en el salón esperando a que bajara la lluvia, Marisol y Esperanza hicieron unos brazaletes que representaban su amistad. Estaban hechos de hilo y cinta adhesiva, pero Marisol escribió una ecuación con plumín negro en cada uno:

$$/ + / = /$$

«Y eso que tú decías que yo era la mala para las matemáticas», Esperanza dijo riendo.

«Juntas somos una», explicó Marisol.

Entonces continuaron su entrenamiento juntas: entre saltos y vueltas, comenzaron a explorar las distintas jugadas y movimientos de la lucha libre. Marisol era muy buena para las jugadas que involucraban sometimientos. Le gustaba la llave, pero también podía enrollar a Marisol si encontraba suficiente paciencia. Por su parte, Esperanza tenía ganas de perfeccionar las maniobras en el aire; le gustaban las peligrosas y nunca se olvidaba de enganchar la pierna cuando sometía a Marisol. Pero si algo les gustaba a ambas era beber Jarritos; a Marisol de limón, y a Esperanza, de piña.

Decidieron, también, que ya era tiempo de inventarse una imagen: necesitaban nombres increíbles. Esperanza decidió ser Estrella Blanca. Se vistió de blanco, con una chaqueta y una máscara de piel. Marisol se convirtió en La Tigresa Negra y su traje era negro brillante: parecía ninja. En muchos sentidos, parecían ser completamente opuestas tanto en sus prendas como en su estilo de luchar, pero en el fondo eran muy parecidas: estudiaban mucho, entrenaban duro y eran fieles una a otra.

Normalmente Marisol asumía el papel rudo y Esperanza el técnico. Así comenzaron a luchar en eventos de su iglesia y en shows locales. Con el tiempo, se hicieron famosas y las asociaciones de lucha en Pilsen se dieron cuenta.

La madre de Esperanza nunca se perdía un encuentro por menor que éste fuera. Su padre, en cambio, solía quedarse en casa. No soportaba la idea de ver a dos chicas en el ring y menos si se trataba de su hija.

Pero Esperanza nunca había sido más feliz al luchar frente al público y con su mejor amiga. También ayudaba contar con el apoyo de su madre. Antes de un encuentro, Estrella Blanca miraba hacia el ring para ver a su madre en medio de la afición con una bolsa de palomitas. Ahora lo único que faltaba era hacer que su padre también

"And you said *I'm* bad at math," Esperanza said with a laugh.

"Together, we are one," explained Marisol.

After that they continued their conditioning together. Between laps and jumping jacks they began to explore the various Lucha Libre holds and moves. Marisol excelled in submission moves. She preferred the arm bar, but she could also roll Esperanza into a small package if she was patient and found her opening.

Esperanza wanted to perfect the high-flying maneuvers. She preferred the high-risk maneuvers, and she never forgot to hook the leg when she pinned Marisol.

And they both excelled at eating tacos and drinking Jarritos: Marisol the lime, Esperanza the piña.

They also decided it was time to create costumes and images for themselves. They needed cool luchadora names. Esperanza became Estrella Blanca. She dressed in white with a trim white leather mask. Marisol became La Tigressa Negra. She made her costume out of shiny black material. She looked like a ninja.

In many ways they appeared to be exact opposites in their ring gear and Lucha Libre styles. But at heart they were very much alike. They studied hard, trained hard and were always loyal to each other.

Marisol usually played the rudo while Esperanza was the perfect técnico. They began to wrestle at church events and local talent shows. They were beginning to get popular in the neighborhood. Soon the local federations in and around Pilsen noticed them.

Esperanza's mother never missed a match no matter how big or small. Her father always stayed home. He couldn't bear the thought of watching girls in the ring especially if one of the girls was his daughter.

Esperanza had never been happier in her life. She was wrestling in front of an audience and she was wrestling with her best friend. And her mother was a great support. Before every match Estrella Blanca looked out from the ring to see her mother cheering loudly between handfuls of popcorn. If only she could get her father to

asistiera. Mientras tanto, sin embargo, se dispuso a disfrutar de todo lo que venía: nada la desanimaría ni la haría perder el camino.

come out to a show, things would be perfect.

In the meantime she planned on enjoying everything that came her way. Nothing was going to darken her mood or take the spring out of her step.

Seven

One evening right after a really difficult match the two friends sat side by side in the locker room. Marisol was uncomfortable, but she tried to hide it. She had something on her mind and she was afraid of how Esperanza was going to take it. She just kept her head down until Esperanza spoke to her.

"What's up?" Esperanza asked. "We just had a great match. Why are you down?"

Marisol was slow to respond.

"I just got some good news today," she started. "I'm afraid you're

Siete

Una tarde, después de un encuentro complicado, ambas amigas se sentaron juntas en los vestidores. Marisol se sentía incómoda, pero trató de ocultarlo. Tenía algo en mente pero no sabía cómo reaccionaría Esperanza. Cabizbaja, esperó a que Esperanza hablara.

«¿Qué pasa?», preguntó Esperanza. «La lucha estuvo increíble. ¿Por qué estás triste?»

Marisol tardó en responder. «Me acaban de dar una buena noticia», comenzó. «Y no creo que te vaya a gustar lo que voy a decir,

aunque para mí son buenas noticias».

«Si son buenas noticias para ti, también lo serán para mí», respondió entonces Esperanza.

«Me aceptaron en un campamento de matemáticas», Marisol repuso rápidamente.

«No sabía que eso existiera», dijo Esperanza entre risas.

«Existe, sí, y empiezo el primer sábado después de que terminen las clases», dijo Marisol en voz baja. «Vuelvo hasta finales de agosto».

«Pero...», respondió Esperanza.

«Tengo que ir», dijo Marisol.

A Esperanza se le borró la sonrisa. Vio pasar toda su trayectoria en la lucha.

«¿Tienes que?», preguntó.

«Voy a ir a ese campamento», dijo Marisol con un nudo en la garganta.

Ninguna habló. A Esperanza le costó muchísimo trabajo guardarse las lágrimas. Marisol miró sus zapatos mientras sacudía la mugre que ni siquiera estaba ahí.

«Nos prometimos algo», dijo Esperanza. «Íbamos a ser luchadoras famosas, tú y yo. Seríamos las campeonas en pareja».

«Esperanza, debes entender que la lucha es tu sueño, pero no el mío».

«¿Cuál es el tuyo?», preguntó Esperanza.

Marisol la vio directo a los ojos, respondiendo. «Quiero ser la primera mujer de origen mexicano en ganar el Premio Abel».

«¿Qué es el Premio Abel?», dijo riendo Esperanza.

«Tú sólo quieres ganar fajas brillantes», dijo Marisol. «Yo quiero ganar un premio que de hecho SÍ vale algo».

«Bueno, ve al campamento», dijo entre lágrimas de nuevo. «Me convertiré en la ganadora mundial más joven».

«Sé que así será», respondió Marisol con tristeza. «Verás que sí, Esperanza».

not going to like the news—even though it is good news for me."

"If it's good news for you, it will good news for me," Esperanza said.

"I got accepted into math camp," Marisol said quickly.

"Is that even a thing?" Esperanza laughed.

"It is and I'm leaving on the first Saturday after school lets out," Marisol said softly. "I won't be back until the end of August."

"But…" Esperanza started.

"I have to go to camp," Marisol said.

Esperanza's smile faded quickly. She saw her entire wrestling career flash before her eyes.

"Have to?" she asked.

"I'm going to math camp," Marisol said—her voice getting caught in her throat.

Neither of the girls spoke for a while. Esperanza stared at the ground using all of her strength to hold back her tears. Marisol looked at her shoes kicking off the dirt that wasn't there in the first place.

"We made a promise to each other," Esperanza finally said. "We were going to be famous luchadoras. You and me! We were going to be the tag team champs."

"Esperanza, you have to understand that the lucha's your dream. It is not my dream."

"What is your dream?" Esperanza asked.

Marisol stopped shifting back and forth and she looked up. She looked her best friend right in the rye.

"I want to be the first Mexican woman to win the Abel prize," she said firmly.

"The Abel Prize?" Esperanza laughed. "What's the big deal about the Abel Prize?"

"You just want to win big shiny belts," Marisol said. "I want to win a prize that is actually worth something."

"Well, you go on ahead to math camp," she said pretending to

Marisol se marchó. Esperanza la vio irse. Así se iba la única y verdadera amiga que había hecho en su vida. Esperanza no sabía qué hacer. Se fue corriendo a casa tan rápido como pudo. Su madre sabría qué decirle.

be brave but fighting back the tears all over again. "I'm going to be the youngest world champ ever. I can be a singles champ."

"I know you will," Marisol said sadly. "I know you will, Esperanza."

Marisol walked away. Esperanza watched her go. She watched the only true friend she'd ever had walk right out of her life.

Esperanza didn't know what to do. She turned and ran home as fast as she could. Her mother would be able to make her understand.

Paul Barile

Eight

"But we had plans, Mom," Esperanza said. "We had plans and now we don't anymore. Who does that? Who abandons their friend for math camp?"

Esperanza turned and walked back to the kitchen chair and sat down. She felt the weight of the world being lowered onto her shoulders. Her mother followed her into the kitchen.

"I made pollo con mole for dinner tonight," she said. "Your favorite."

"I don't know how hungry I am, Mama," Esperanza said.

Ocho

«Era nuestro plan, mamá», dijo Esperanza. «Ahora ya no queda nada. ¿Quién te hace eso? ¿Quién abandona a su amiga para irse al campamento de matemáticas?»

Esperanza volvió a la cocina y se sentó. Sentía el peso del mundo en sus hombros. Su madre la siguió hasta la cocina.

«Te hice pollo con mole», dijo su madre. «Es tu favorito».

«Ni hambre tengo, mamá», respondió Esperanza.

«¿Por qué no haces hambre mientras pones la mesa? Saca las tortillas de maíz de la alacena».

«Como quieras», respondió Esperanza.

La chica se acercó a la alacena y sacó dos paquetes de tortillas. Sabía que su papá se acabaría un paquete entero con el pollo con mole. También sacó un bulto de servilletas.

"Why don't you build up an appetite by setting the table and grabbing the corn tortillas out of the pantry?"

"Whatever," Esperanza said.

The young girl crossed to the pantry and got two packages of tortillas. She knew her father would need his own pack when pollo con mole was on the table. She also grabbed an extra handful of napkins.

Paul Barile

Nine

E speranza's father ate his meal without speaking much. He wasn't angry—he was just hungry. He worked hard all day and he really enjoyed his dinner.

That night—Esperanza ate in silence, too. Normally she talked about school and everything she was doing. She talked about Marisol and their adventures. She even—occasionally—talked about wrestling.

"Why so quiet tonight?" her father asked.

"I don't know. Nothing," Esperanza said.

◇◇

Nueve

E l padre de Esperanza comió sin decir mucho. No estaba enojado; sólo tenía hambre. Trabajaba todo el día y en lo único que pensaba era en su cena, que le encantaba.

Esa noche, Esperanza también comió en silencio. Por lo general les contaba sobre la escuela o sobre Marisol; a veces incluso hablaba sobre las luchas.

«¿Te comió la lengua el ratón?», preguntó su padre.

«No, sólo tengo ganas de hablar», respondió Esperanza.

«Jovencita, hoy no has hablado nada y ni has tocado tu cena».

«De verdad, papi».

El padre levantó la mirada y dejó de comer. Su madre sonrió, pero Esperanza parecía estar preocupada.

«Chicas», comenzó a decir. «Hasta yo me doy cuenta de que hay algo que no anda bien. Por favor, Esperanza. Dime qué tienes. No me gustan las caras durante la cena».

«Sí, papi», dijo entonces.

Esperanza miró a su madre dudosamente.

«¿Entonces?»

«Hablé con Marisol hoy después de clases», comenzó.

«Qué bien. Me cae muy bien esa chica», dijo su madre. «¿Cómo está?»

«Va a irse a un campamento de matemáticas este sábado. Se va todo el verano», respondió Esperanza.

«Así es que...así es como está», terminó.

Su padre la miró: «¿tú quieres ir a ese campamento, mija?»

Esperanza se estremeció: «para nada».

«Entonces no entiendo qué es lo que te molesta tanto», dijo su padre.

«Quiere decir que ya no tendré una compañera de lucha libre», respondió. «Hay una lucha el sábado y ni siquiera estará ahí. Ella sabía muy bien lo que esto significaba para mí y de todas formas decidió irse al campamento de matemáticas. ¿Qué clase de amiga hace eso?»

«Quizá tu padre tenga razón», añadió su madre. «¡No, no!», respondió rápidamente.

«Esperanza, tienes que darte cuenta de que para Marisol, las matemáticas son tan importantes como la lucha para ti. Si quieres ir al campamento, yo mismo te inscribo mañana por la mañana», dijo su padre. «Yo te llevo».

«De verdad no quiero ir al campamento y tampoco quiero que Marisol vaya».

«Qué bien que Marisol pueda tomar decisiones por sí misma», respondió con firmeza su mamá.

El silencio reinó en la cena.

«¿Puedo retirarme?», dijo Esperanza.

"Young lady, you are being exceptionally quiet tonight and you haven't touched your dinner."

"Really, Papi."

Her father slowly lifted his face and stopped chewing. Her mother smiled, but Esperanza was worried.

"Ladies," he started slowly. "Even I can see something is wrong. Please, Esperanza, answer the question, I like happy at the dinner table. I don't like grouchy at the dinner table."

"Yes, Papi," she said.

Esperanza looked at her mother. She hesitated for a moment.

"So?"

"Well, I was talking to Marisol today after school," she started.

"That's nice. I like that girl," her mother said. "How is she?"

"She's leaving for math camp on Saturday. She'll be gone all summer," Esperanza replied. "That's how she is."

Esperanza's father looked at her—was not sure how to react.

"You want to go to math camp, *mija?*" he asked.

Esperanza shuddered.

"Never," was all she could mutter.

"I don't understand why Marisol going to math camp is upsetting you," her father said.

"Marisol going away for the summer means I lose my lucha libre partner," Esperanza said. "I have a big match on Saturday and she will not be there for me or even with me. She knew what this meant to me and she decided to go to math camp. What kind of friend does that?"

"So maybe your father is right. Maybe you do want to go to math camp with her?" her mother asked.

"No!" Esperanza said quickly.

"Esperanza, you have to realize that math is important to Marisol just like wrestling is important to you."

"If you want to go to math camp, I'll sign you up first thing tomorrow morning," her father said. "I'll drive you there myself."

«Limpia tu lugar y haz tu tarea», respondió su madre.

Esperanza recogió su plato. No tocó siquiera la comida.

«Déjame el plato, mija», le dijo su papá.

Le puso la comida en frente y se marchó.

Ya en su cuarto, Esperanza no podía concentrarse en la tarea. Además de estar triste por el asunto de Marisol, Esperanza estaba bastante avergonzada ante su reacción. Sabía muy bien que una verdadera amiga es la que apoya a toda costa.

Afuera, la luz de la luna brillaba y daba al cuarto de Esperanza.

"I really don't want to go to math camp," she replied. "And I don't want Marisol to go to math camp."

"Well, it's a good thing for Marisol that she can make her own decisions." Mother said.

It fell quiet at the table for a few moments.

"May I be excused?" Esperanza asked.

"Clean your place and go do your homework," her mother answered.

Esperanza picked up her plate. She hadn't touched any of the food.

"Leave the plate with me, *mija*," her father said.

She sat the plate in front of her father and left the room.

Sitting there in her room she couldn't concentrate on her homework. In addition to being sad about Marisol going away—deep down Esperanza was embarrassed about her behavior. She knew better. She knew that a real friend—a true friend—would have supported the other friend even if the other friend wanted to go to math camp.

Outside her window a perfect silver moon smiled down into Esperanza's bedroom.

este verano».

«El platillo favorito de papá», dijo entre risas.

«¿Ya están listas?»

«Voy detrás tuyo».

Mamá y Marisol atravesaron las cortinas y Esperanza se sentó un momento para apreciar todo lo que había pasado. Este era su sueño, o al menos el principio de un sueño. A partir de ahora, la cosa sólo podría ir mejor. Se quitó la máscara y la arrojó en la mochila. Esperó a que el edificio se vaciara y no quedara sino un carro en el estacionamiento. Sus padres y Marisol la esperaban para ir por pizza. Al cruzar el estacionamiento, podía escuchar a su abuela diciéndole: «tú eras la luz».

Esperanza's mother hugged her tightly.

"Your abuela would have been so proud of you," her mother whispered into her ear. "I know I am."

"Thank you, Mama," she said. "How did you get dad to come tonight?"

"Let's just say we'll be eating pollo con mole more often this summer."

"Ah, Papi's favorite," Esperanza giggled.

"Are you ready to go?

"I'll be right behind you."

Mother and Marisol went back out through the curtains. Esperanza sat back down for a minute and took it all in. She had reached her dream—the first level of it anyway. She would only go up from here.

She finally took the mask off and stuffed it into her bag. She waited until the building was empty and there was only one car left in the parking lot. She slipped out the back door and walked to where her parents and Marisol were waiting to take her out for pizza.

As she walked across the dark parking lot, she heard her grandmother's voice whisper softly: "You were the light."

Grande Ambition

Había cuatro personas a quien el pequeño Jimmy Urbanski quería mucho. En primer lugar estaba su abuelo. Luego estaba su madre. Después, en tercer lugar, su padre y por último, Blue Demon. Este era el orden de sus afectos.

Estaba en la edad en la que a la mayoría de los niños les asustan los payasos o las máscaras de colores. Sin embargo, a Jimmy le llamaba muchísimo la atención aquel hombre de máscara azul celeste con acabados blanco.

«Mami, parece un superhéroe», solía decir Jimmy.

A decir verdad, Blue Demon sí parecía todo un superhéroe. Era grande y musculoso. Sus licras azules lo hacían parecer aún más atlético. Su capa lo hacía casi volar. A menudo, Jimmy cubría su cuerpo con una toalla y corría por toda la casa buscando a un rival, es decir, la almohada.

El día que el abuelo de Jimmy volvió a casa con entradas para un encuentro de lucha libre fue el día más emocionante de su vida. No podía creerlo. No hacía nada fuera de lo común: iba a la escuela todos los días y hacía su tarea. Los sábados por la mañana, miraba las luchas en la televisión. Y le encantaban los cómics de luchas. Era, por lo tanto, un chico normal, pero iría por primera vez a las luchas con su abuelo. No podía de tanta emoción.

Parecía un torbellino. Sabía, en el fondo, que esta ida a la arena cambiaría su vida.

Grande Ambition

There were four people Little Jimmy Urbanski loved. *The first was his grandfather. The second was his mother. The third was his father. The fourth was Blue Demon. This was pretty much the order he loved them in.*

At an age when most children are frightened by people in masks or brightly painted clowns, Jimmy was drawn to the large man with a royal blue mask with the simple white trim.

"He looks like a superhero, Mom," Jimmy said.

In truth Blue Demon did look like a superhero. He was tall and muscular. His blue tights gave him a powerfully athletic look. His flowing cape made him look like he could fly.

Jimmy often tied a towel around his neck and ran through the house looking for an opponent. He usually ended up wrestling a pillow.

The day Jimmy's grandfather came home with tickets to a wrestling show was the biggest day of Jimmy's life. It didn't seem real to him. He never did much out of the ordinary. He went to school every day. He did his homework. On Saturday mornings he watched wrestling on the television. He also loved his lucha libre comic books.

He was a normal kid doing normal kid things, only now, a normal kid who's going to the wrestling matches. He was going to see live wrestling with his grandfather. He could hardly contain himself. He was a ball of energy looking for a place to land.

Somehow, he knew—deep down—that wrestling match would change his life.

Paul Barile

Glossary

abuelita—grandmother
antifaz—the colorful trim on the luchador's mask
corazón—heart
German Suplex—dangerous wrestling move
el Campéon—the Champion
gordo—fat/overweight
Luchadora—woman who practices the art of Lucha Libre
luna—the moon
pepino—cucumber
Sidrel Mundete—apple soda
tío—Uncle

A note on the area

Pilsen: The general boundaries are Halsted Street on the east, Cermak Road on the south, Western Avenue on the west, and the railroad viaduct just north West 16th Street on the north.

Pilsen is known for the cultural footprints left behind by waves of immigrants. Beginning with Irish and German immigrants in the mid-19th century, then Bohemian and other Eastern European immigrants after the Chicago Fire, and more recently by Mexican immigrants. Although the historic architecture in Pilsen is largely attributed to the Bohemian-era of development, Mexican immigration has made a significant impact on the character of the neighborhood.

Pilsen: Los límites se ubican entre las calles Halsted (al este), Cermak Road (al sur), Western Avenue (al oeste) y las vías del ferrocarril sobre el viaducto que pasa sobre la calle West 16th (al norte).

Pilsen siempre fue un barrio de migrantes y esto ha marcado la impronta cultural del lugar. En el siglo XIX se establecieron comunidades de irlandeses, alemanes y bohemios. Tras el incendio de Chicago se asentaron otros grupos del este de Europa. En épocas recientes, Pilsen ha atraído a migrantes mexicanos. Si bien la arquitectura del barrio sigue patrones europeos, la huella mexicana de esta área de Chicago es innegable.

www.chicago.gov

Sobre el autor

Paul Barile es un autor de Chicago y un gran aficionado de la lucha libre. Ha pasado varios años en aulas con chicos de tres a quince años. Es un escritor prolífico; sus cuentos, obras de teatro y poesía han sido ampliamente publicados. Sus obras de teatro se han representado en varias ciudades del mundo tales como Nueva York, Londres y Chicago.

Paul asiste a eventos de lucha libre cada mes en la región de Chicago. Su pasión por las historias, así como por el arte de la lucha libre, lo ha llevado a escribir libros y ensayos que exaltan la belleza de las luchas.

Todos los años, viaja a la Ciudad de México para asistir a la Arena México (también llamada "la catedral de la lucha libre") y a lo largo del tiempo, ha tenido la oportunidad de conocer a algunos de los luchadores y luchadoras más célebres del mundo.

La serie Leyendas de la Lucha (Lucha Legends) pretende combinar el arte de la escritura con la pasión de la lucha libre y espera que sus lectores se emocionen y conozcan más de este deporte al leer estos libros.

Sobre el ilustrador

Nacido y criado en Tuxpan Veracruz México. Luego de pasar su niñez dibujando todo el día influenciado por caricaturas, series anime, cómics y lucha libre algunos años después decide incursionar en el campo del arte y luego de pasar unos años dando vueltas por la facultad de arte de la Universidad Veracruzana, comienza sus primeros proyectos como un ilustrador independiente realizando trabajos para videojuegos, juegos de mesa, portadas de discos, cómics y proyectos editoriales.

El traductor

Raúl Ariza Barile es traductor profesional y profesor de Letras Inglesas en la Universidad Nacional Autónoma de México.

Agradecimientos

Gracias a Thunder Rosa, a Galli Lucha Libre, a Carlos Galli, a Tico Fdez, a LMDMedia Group, a Lady Tigress, a Atomico, a Leonor Adriana Barile Fabris, al Dr. Raúl Ariza Andraca, a Manny Cortez, a Torero Galli, al Gringo Loco, a Anthony Pineiro/ WOWT, a Tod Altenburg, y a Van Borden por las clases de álgebra.

Y gracias a las luchadoras y los luchadores que lo dan todo el ring noche tras noche para vivir la gran pasión de la lucha libre.

About the author

Paul Barile is a Chicago-based writer and fan of the Lucha Libre. He has spent many years in classrooms working with children aged from three to fifteen years old. He is also a prolific writer whose fiction, plays and poetry are widely published. His plays have been produced across the world, including New York City, Chicago and London.

Paul attends monthly Lucha Libre events in and around the Chicago area. His passion for the storytelling and the graceful ballet of the Lucha has resulted in books and essays celebrating the Lucha. Paul visits Arena Mexico (Mexico City) annually to experience Lucha Libre in the building known as "the cathedral of Lucha Libre."

Over the years Paul has met some of the most famous Luchadores and Luchadoras in the world. The Legends of the Lucha series is Paul's opportunity to celebrate the craft of writing with the excitement of the Lucha Libre. He hopes to impart some wisdom to the readers of these books.

About the illustrator

César Ayala was born and raised in Tuxpan Veracruz, Mexico. He spent his childhood drawing all day influenced by cartoons, animé series, comics and wrestling. Later he ventured into the field of art and after spending a few years going around the art faculty of the Universidad Veracruzana, began his first projects as an independent illustrator doing work for video games, board games, album covers, comics and editorial projects.

The translator

Raúl Ariza-Barile is a professional translator and also teaches English Literature at the National Autonomous University of Mexico (UNAM) in Mexico City.

Acknowledgments

Thanks to Thunder Rosa, Galli Lucha Libre, Carlos Galli, Tico Fdez, LMD-Media Group, Lady Tigress, Atomico, Leonor Adriana Barile Fabris, Dr. Raul Ariza Andraca, Manny Cortez, Torero Galli, Gringo Loco, Anthony Pineiro/WOWT, Tod Altenburg, and Van Borden for the algebra lessons.

Also, thanks to all of the luchadores and luchadoras who step into the ring night after night and risk it all for the passion of Lucha Libre.

THE LUCHA LEGENDS SERIES

No.1 The Legend of Aguila Azul
No.2 Hope Rises
No.3 Señor Grande published *September 2023*
No.4 All's Fair *published 2024*
No.5 The Book of Lucha *published 2025*

THE LUCHA COLORING STORY BOOK SERIES

Kid Chaos vs The Sandman
Where's Yezka?
Evil Never Dies

All books are available in bilingual English/Spanish editions.
More information, teaching resources, masks, plushies and
action figures at lucha-legends.com

lexographic press
in your hand, on your screen, in your ears